AF305617

VENTE AUX ENCHÈRES

LES 4, 5, 6 & 7 FÉVRIER 1874

FAÏENCES ANCIENNES

PORCELAINES

BRONZES, CURIOSITÉS ET OBJETS DIVERS

ANCIENS ET MODERNES

TABLEAUX, VIEUX MEUBLES

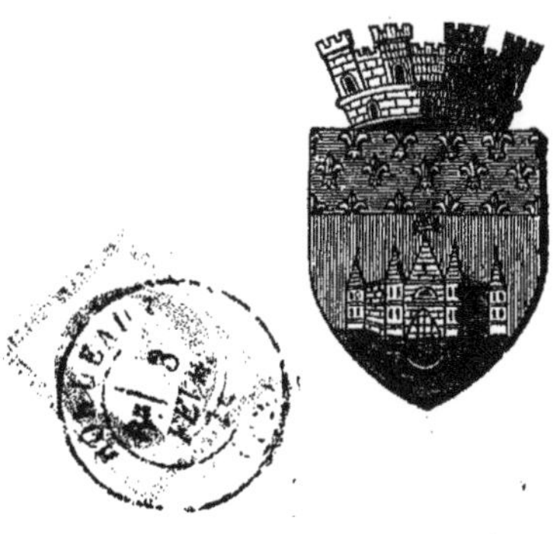

BORDEAUX

1874

150
100   × 16
60
60
?50
——
?10

1906 [illegible]

CATALOGUE

D'UNE IMPORTANTE RÉUNION DE

FAÏENCES ANCIENNES

PORCELAINES

BRONZES, CURIOSITÉS & OBJETS DIVERS ANCIENS & MODERNES

TABLEAUX, VIEUX MEUBLES

Dont la vente aux enchères publiques aura lieu

à BORDEAUX

SALLE DU CASINO, RUE ROLLAND, Nº 12

Le Mercredi 4 Février 1874

Et les trois jours suivants, à une heure de l'après-midi,

Par le ministère de Mᵉ Ferdinand CHARLOT,

Commissaire-Priseur à Bordeaux

EXPOSITIONS

Générale : Lundi 2 et Mardi 3 Février 1874.

Spéciale : Chaque matin de jour de vente, de 9 h. à 11 h.

AVIS.

Indépendamment de l'exposition générale, il y aura, à partir du mercredi 4 février, chaque matin, de neuf heures à onze heures, dans la salle du Casino, exposition spéciale des objets qui devront être compris dans la vente du jour.

Cette dernière exposition sera faite pour éviter tout retard au moment de la mise en adjudication, et, par suite, il demeure établi qu'à la vente les pièces seront seulement présentées sur le bureau, mais ne circuleront pas parmi le public.

CONDITIONS DE LA VENTE.

Elle sera faite au comptant.

Les adjudicataires paieront cinq pour cent en sus des enchères, applicables aux frais de vente.

Les expositions, et en particulier celle qui sera faite spécialement chaque matin, mettant les acheteurs en mesure de se rendre compte de l'état des objets, il ne sera admis aucune réclamation, une fois l'adjudication prononcée.

ORDRE DE LA VENTE.

Mercredi 4 : Tableaux, Nos 266 à 269, 215 à 265 ; et, en outre, les Nos 213 et 214.

Jeudi 5 : Faïences, Nos 98 à 110 et Nos 1 à 90.

Vendredi 6 : Faïences, Nos 91 à 97 ; Porcelaines, Nos 111 à 180.

Samedi 7 : Porcelaines, Nos 181 à 191 ; Bronzes et objets divers, Nos 192 à 212 ; Meubles, Nos 270 à 277.

I.

FAÏENCES ANCIENNES.

Nevers.

1. — Deux grandes potiches à anses enroulées et pointillées de bleu ; des fleurs et des arabesques de même couleur décorent la partie inférieure ou encadrent deux sujets peints sur les panses et représentant : l'un, l'Adoration des Mages, l'autre, une Épisode de la vie de la Vierge. Belles pièces, rares.

2. — Deux couvercles étroits et allongés, décor de fleurs et d'arabesques camaïeu bleu.

Rouen.

3. — Beau plat rond, décor japonais ; le fond est occupé par un arbre fleuri au milieu duquel voltigent des insectes et un oiseau fantastique ; le bord est quadrillé de vert et de rouge et orné de fleurs et d'écrevisses de mer.
Pièce remarquable, réparée.

4. — Petit plat rond, décor *à la Corne.*

5. — Autre petit plat, même décor.

6. — Assiette plate, aussi de même décor, un peu plus pâle, mais très fine d'émail et de dessin.

7. — Assiette *à la Corbeille ;* le marli est orné de guirlandes et de quadrillés bleus rehaussés de noir.

8. — Assiette polychrome, aussi *à la Corbeille ;* sur le marli, également très chargé, s'étalent des guirlandes, des arabesques et des quadrillés aux couleurs vives.
Belle pièce.

9. — Assiette dans le même genre que la précédente, moins vive de couleurs, mais plus fine de dessin et plus belle d'émail.

10. — Assiette *à la Corbeille;* décor de fleurs, de rayures et d'arabesques polychromes sur le marli.

11. — Plateau creux ou bannette octogone, à pans coupés, avec anses rectangulaires; décor polychrome chinois, avec personnages et chimères. (Provient de la collection Rousset, n° 32).

12. — Plateau de même forme, décoré d'un blason de chevalier bleu et orange, dessin de ferronnerie, réparé (provient de la même collection, n° 33).

13. — Petit plateau creux et allongé, aussi octogone et à pans coupés; au fond, une pagode avec branches fleuries et insectes; sur le bord, fins quadrillés, fleurs et poissons. Couleurs très-vives.

14. — Plat *au Cornet,* jaune citrin, style Louis XV, avec fleurs, fruits et papillons (réparé).

15. — Hanap casque, camaïeu bleu, avec masque modelé; décor très-riche avec réserves et dessin en champ d'épargne, pied refait. (Provient, comme la pièce précédente, de la collection Rousset, n° 19).

Bordeaux.

16. — Bouquetier polychrome Louis XV, ayant la forme d'une demi-circonférence; il est orné, au centre, d'un petit personnage (homme d'armes) et de fleurs détachées çà et là.

17. — Soupière (sans couvercle) décorée d'un écusson avec attributs divers; des artichauts modelés et peints forment les anses.

18. — Grande fontaine avec sa vasque, décor de Rouen polychrome *à la Guirlande,* émail un peu pâle. Deux

robinets sont adaptés à de petits mascarons ; la vasque,
de forme ovale, est ornée dans le fond de fleurs et de
quadrillés.

Belle pièce. — Réparée.

19. — Vasque de fontaine également à décor de Rouen,
avec fleurs, arabesques et quadrillés polychromes ; des
mascarons modelés servent d'anses.

20. — Fontaine sans vasque : la panse est décorée d'un
large écusson, style Louis XVI, surmonté d'une couronne de comte, décor camaïeu bleu, genre de Bérain. Le
robinet était adapté à une tête modelée en relief. (Provient de la collection Rousset, n° 103).

Le dauphin et la coquille qui forment le haut de cette
pièce ont été refaits.

21. — Pichet avec couvercle dit *au Dauphin*, orné d'un
écusson à trois fleurs de lys, surmonté d'un dauphin avec
aigles essorés sur les côtés.

22. — Pichet sans couvercle et sur la panse duquel est
représentée une femme en costume de l'époque de la
Révolution française.

23. — Soupière ronde, ornée de bouquets polychromes ;
le bouton est formé par une branche d'amandier avec
son fruit.

24. — Petit plateau carré, du service des Chartreux, de
forme rare. Les écussons accolés du cardinal de Sourdis
et de Pierre de Gasc sont surmontés d'une couronne
ducale et entourés de fleurs et d'attributs divers.

Réparé.

25. — Assiette du même service ; deux génies soutiennent
les écussons du Cardinal de Sourdis et de Pierre de
Gasc ; le fond et le marli sont semés de fruits avec feuil-
lages. Réparée.

26. — Assiette polychrome, ornée dans le fond d'un

écusson contenant les initiales J. B. entrelacées et surmonté d'une couronne de marquis; arabesques sur le
marli, genre de Moustiers.

27. — Assiette dont le fond est orné d'un blason accolé de
drapeaux, canons, armes et surmonté d'une couronne
fantaisiste rappelant celle de marquis.

28. — Petit plateau creux carré.

Montpellier.

29. — Grand plat rond, orné de fleurs détachées et de papillons finement peints.

Très pur d'émail, genre des *Fauché* de Marseille.

30. — Deux petits plateaux Louis XV, à bords sinueux,
couverte jaune, décorés de fleurs polychromes.

31. — Grand plat ovale, aussi à bords sinueux, décor polychrome, avec gros bouquets très-finement peints, où le
jaune et le manganèse dominent. Réparé.

32. — Assiette à bouquets et insectes polychromes; très-
fine.

33. — Assiette à peu près semblable à la précédente.

34. — Assiette, couverte jaune, à bouquets polychromes.

35. — Couvercle d'écuelle, couverte jaune, même décor.

Moustiers.

36. — Plat ovale, de forme sinueuse, *aux Grotesques*, très-
curieux, au centre duquel est un âne pinçant de la
harpe et abrité par un homme portant un parasol. Sur un
livre ouvert, en face de ce singulier virtuose, est écrit :
« *Laudate eum omnes populi benedicti* » Décor jaune et
vert, très-chargé de fleurs, d'animaux chimériques et de
cinq personnages détachés. Marque d'Oléry.

Réparé. (Provient de la collection Rousset, n° 181.)

37. — Grand plat rond, aussi de forme sinueuse et *aux Grotesques*, mais avec des couleurs plus vives et d'un émail plus éclatant: le sujet central ressemble quelque peu à celui du précédent. Ici, on voit un âne couvert d'une casaque, jouant du tambourin ; divers sujets plus ou moins bizarres, entourés de fleurs et de papillons, complètent la décoration de cette pièce très-fine, portant également la marque d'Oléry.

En assez bon état.

38. — Plat ovale; à bords sinueux ; dans le fond et sur le marli sont jetés avec ordre des bouquets de différente grosseur de couleurs bleue, jaune ou verte. Marque d'Oléry.

39. — Plat de même forme, camaïeu bleu. Dans le fond s'étale une branche de fleurs; sur le marli sont réprésentées des arabesques.

40. — Grand Plat ovale, décor camaïeu bleu, genre Bérain, couleur un peu pâle, mais très-fin de dessin. Cariatides, chimères, oiseaux fantastiques, corbeilles de fleurs et arabesques.

Réparé.

41. — Plat allongé, à bords tourmentés, aussi camaïeu bleu et de même décor que le précédent, mais de couleur bien plus vive. Dans le fond, au milieu d'arabesques, de bustes et d'animaux bizarres se trouve un écusson surmonté d'une tête d'ange qui supporte une couronne de comte.

Pièce réparée.

42. — Couvercle de soupière très-orné de fines arabesques et de quadrillés camaïeu bleu.

43. — Assiette *au Drapeau*, décor jaune, vert et bleu, couleurs vives.

44. — Assiette *au Drapeau*, décor jaune, vert, bleu et manganèse. Réparée.

45. — Assiette *au Drapeau,* décor dans les mêmes couleurs que la précédente.

46. — Assiette *au Drapeau,* émail pâle, où le bleu et le violet dominent. Pièce rare. (Provient de la collection Rousset, n° 189.)

47. — Assiette *aux Grotesques,* camaïeu violet pâle. Marque d'Oléry.

48. — Assiette camaïeu bleu, ornée dans le fond d'un écusson surmonté d'une couronne de comte; sur le marli, des arabesques.

49. — Assiette décorée d'un petit bouquet dans le fond, avec palmes et guirlandes sur le marli. Couleurs bleue, jaune et verte.

50. — Plateau rond *à la Guirlande,* polychrome. Dans le fond sont représentés trois amours ou génies, dont deux montent des chevaux marins; le troisième vole au-dessus, une palme à la main et un cor de chasse en bandoulière. Réparé. (Provient de la collection Rousset, n° 187.)

51. — Assiette à décor Louis XV, bleu, jaune, vert et violet; au fond, un paysage avec personnages. (Genre des faïences de Samadet).

52. — Petit pot renflé, sans anse, rappelant aussi les fabriques de Samadet. La panse est ornée de deux médaillons très-fins représentant également des paysages avec personnages. Réparé.

Marseille.

53. — Douze assiettes très-belles, très-fines, d'une légèreté, d'une élégance et d'une richesse de couleur remarquables.

Le fond de chacune d'elles représente un paysage au bord de la mer animé par des personnages; sujets variés, délicieusement peints sans exception. Sur le marli, dont le bord est découpé, sont semées çà et là de petites branches de fleurs. Émail très-pur; toutes en parfait état de conservation.

Le vert, heureusement combiné avec les tons rouges ou roses sur les fonds blancs et intacts, donne à ces pièces un éclat merveilleux. Ce sont les spécimens les plus délicats et les plus charmants d'une fabrication inimitable.

Ces douze assiettes, classées sous l'article 53, de nº 1 à 12, seront vendues d'après leur ordre, successivement une par une, toutefois, avec faculté pour l'acquéreur d'en prendre plusieurs au même prix que celle à lui adjugée (même les douze s'il le désirait), mais en suivant, dans le cas où il n'en serait pris que partie, l'ordre qui leur est assigné dès à présent et dont les enchérisseurs auront à se rendre compte à l'avance. Cette faculté est donnée pour le tout à raison de la valeur exceptionnelle d'un pareil ensemble à peu près introuvable aujourd'hui.

54. — Plat rond, style Louis XV. Le marli dont le bord est doré, est décoré de fleurs et d'insectes polychromes. Le fond est orné d'un médaillon genre Watteau qu'encadre une guirlande de liserons dorée.

Belle et jolie pièce encore; provient de la collection Rousset, nº 127. Réparée.

55. — Assiette polychrome et dorée. Dans le fond est peint un petit bouquet; sur le marli, d'autres bouquets épars.

56. — Bassin gaudronné, orné, dans le fond, d'un bouquet polychrome et, sur les bords, de branches fleuries.
Réparé.

57. — Jardinière à bords crénelés, même décoration qu'à la pièce précédente.

Aussi réparée.

58. — Petit Plat rond, bordé d'un listel jaune, orné de fleurs et d'insectes polychromes s'étendant sur le fond et sur le marli.

Intact.

59. — Plat rond, décor polychrome avec bouquets très-fins ornant le fond et le marli; émail un peu pâle. (Portant la marque de la Veuve Perrin).

Réparé.

60. — Plat ovale, camaïeu rose; au fond, une corbeille de fleurs; des arabesques sur le marli.

61. — Couvercle de soupière relevé aux deux extrémités, orné de branchages et d'oiseaux verts ; deux poissons de couleur rose forment le bouton.

62. — Assiette très-fine, à bouquets et insectes polychromes, dans le genre du plat porté au nᵒ 58.

Intacte. Provient de la collection Rousset, nᵒ 134.

63. — Assiette dans le même genre que la précédente, couverte rose.

Provient aussi de la même collection, nᵒ 131.

Intacte.

64. — Assiette encore dans le même genre et où le vert domine, émail pâle.

Intacte et de même origine que les deux précédentes.

65. — Assiette polychrome, ornée, dans le fond, d'un gros bouquet et sur le marli de petites branches fleuries.

Réparée.

66. — Assiette polychrome, décorée dans le fond et sur le marli de petits bouquets détachés. Portant la marque de Savy.

67. — Assiette, camaïeu vert, ornée de fleurs dans le fond et de branches fleuries sur le marli.

68. — Assiette décorée de bouquets verts s'étalant sur le fond et sur le marli. (Marque de la Veuve Perrin.)

Strasbourg.

69. — Soupière, style Louis XV, forme d'orfévrerie, sur pieds modelés, avec bouton et anses, décor polychrome de lys, de roses et d'œillets très-bien peints.
Marque de Joseph Hannong. (Provient de la collection Rousset, n° 237.)

70. — Corbeille treillagée avec bouquet dans le fond.

71. — Bouquetier orné de roses et de fleurettes.

72. — Petite théière sans couvercle, décorée de fleurs très fines.

73. — Chocolatière montée sur trois pieds modelés et aussi finement décorée de fleurs. (Anse rapportée.)
Marque de Joseph Hannong.

74. — Plat ovale de forme irrégulière, décor de roses polychromes. Même marque.

75. — Deux saucières polychromes, encore de la même fabrique, décorées de bouquets différents dans le fond et à l'extérieur. Intactes.

76. — Quatre belles assiettes creuses de Joseph Hannong, en parfait état, décor de gros bouquets aux riches couleurs formés d'œillets, de roses, de tulipes, etc. (Sera divisé.)

77. — Cinq assiettes plates, à peu près dans la même décoration que les précédentes et portant aussi la marque de Joseph Hannong. (Sera divisé.)

78. — Assiette polychrome entourée d'un liseré d'or; dans le fond, un gros bouquet finement peint.

79. — Assiette polychrome, avec bouquet dans le fond et fleurs détachées sur le marli. (Commune.)

Delft.

80. — Grand plat rond, camaïeu bleu, décor japonais.

81. — Autre plat plus petit, mais de mêmes forme. couleur et décor.

82. — Quatre petits plateaux ronds et plats, camaïeu bleu. (Sera divisé).

83. — Drageoir camaïeu bleu, à six compartiments, très-fin et très-curieux.

84. — Plat rond, camaïeu bleu, décor japonais. (Intact).

85. — Plateau rond monté sur piédouche, camaïeu bleu, décor très-fin composé d'arabesques, de quadrillés, de rayures et de fleurs; au centre, un médaillon avec ornements dans le genre japonais.

86. — Petite fontaine sans vasque, camaïeu bleu, décor de fleurs et de branches entrelacées au milieu desquelles jouent des oiseaux et des insectes. Le robinet était adapté à un masque modelé, surmonté d'une large fleur de lys également modelée. Le côté opposé représente un cygne lançant par le bec un double jet d'eau.

Pièce en assez bon état et portant la date de 1741 en bleu.

87. — Deux petites potiches camaïeu bleu, avec paysages semblables entre eux, au centre, animés de personnages et qu'entoure un encadrement rocaille ; des branches fleuries décorent les cotés ; les boutons des couvercles sont formés de têtes de monstres.

88. — Sucrier à anses droites, monté sur trois pieds; décor polychrome japonais, faïence très-fine et très-légère.

Jolie pièce, intacte.

89. — Assiette très-plate, à décor japonais, bleu, rouge et or. Intacte.

90. — Assiette creuse, décor japonais, également fine et légère et intacte.

91. — Assiette ou plateau à décor crucifère polychrome.

92. — Assiette polychrome, décor dit *au Perroquet*.

93. — Assiette, camaïeu bleu, à décor rayonnant.

94. — Deux assiettes, camaïeu bleu, décor japonais formé d'arabesques et de fleurs.

95. — Assiette polychrome, avec corbeille fleurie dans le fond.

96. — Assiette peu décorée, à branches de fleurs polychromes.

97. — Huit carreaux représentant des paysages en camaïeu bleu qu'entourent des ornements violets. (Proviennent de la collection Rousset).

Faïences diverses

98. — Six Assiettes à emblèmes politiques de l'époque de la Révolution française.

99. — Assiette polychrome, avec écusson au centre contenant les initiales B. **M.** entrelacées, surmonté de deux colombes amoureuses et supporté par deux génies. (Fabrication nivernaise).

100. — Petit plat ovale à bouquets polychromes jetés dans le fond et sur le marli (Sinceny).

101. — Grand plat ovale, dans le genre du précédent et de même provenance, mais camaïeu bleu.

102. — Plat gaudronné, décor de rayures sur les bords et d'oiseaux dans le fond de couleur bleue rehaussée de jaune. (Faïence du Midi).

103. — Deux assiettes, camaïeu vert, de la fabrique de Samadet.

Dans le fond sont peints des paysages où jouent des amours ; les marlis sont décorés d'ornements rocaille polychromes.

104. — Deux assiettes polychromes dans le genre des Strasbourg, à peu près semblables entre elles, mais portant toutes deux des marques différentes qui rappellent également la marque de la fabrique d'Aprey, près Langres.

105. — Assiette ornée dans le fond d'un bonhomme faisant la culbute au pied d'un arbre ; le marli est décoré de petites figures dans différentes postures rappelant, la plupart, celle du sujet central.

Cette pièce, qui provient d'Espagne, a quelque analogie avec les faïences de Moustiers ; on suppose qu'elle sort de la fabrique fondée par Oléry à Denia.

106. — Grand plat ovale à bords sinueux, camaïeu bleu. Le fond est orné d'un écusson surmonté d'une couronne ducale et supporté par deux lions ; des arabesques bordent le marli.

107. — Deux soucoupes, émail bleu, arabesques et fleurettes (faïence persane). Proviennent de la collection Rousset, n° 315.

108. — Assiette blanche ornée sur le marli d'un large écusson vert, jaune et bleu. (Fabrique allemande.)

109. — Petit cache-pot carré, finement décoré. (Nidervillers.)

110. — Belle et grande soupière avec son plateau, de forme Louis XV, rocaille remarquable, de couleur blanche et jaune ; çà et là seulement sont jetées de petites fleurs rouges.

Faïence de la fabrique d'Hochst, près Mainz, dont elle porte la marque en vert sur la soupière et en jaune sur le plat.

II.

PORCELAINES.

Saxe.

111. — Plat long, porcelaine non décorée à rehauts blancs rocaille. (Avarié)

112. — Plat de même forme et également non décoré à rehauts blancs.

113 à **116.** — Quatre petites statuettes ou groupes.

117. — Deux groupes (personnages) faisant pendants.

118. — Deux autres groupes (chasse) faisant également pendants.

119. — Un autre groupe seul (personnages).

120. — Un miroir mobile, cadre de fleurs avec amours.

121. — Deux vases à couvercle.

Chine et Japon.

122. — Six assiettes (Japon), camaïeu bleu, décor de fleurs très-chargé, tant sur le marli que dans le fond.

123. — Sept assiettes même porcelaine et même couleur à décor de fleurs régulier avec gaufrage blanc sur le marli.

124. — Quatre assiettes même porcelaine, à riche décor bleu de fleurs et potiches.

125. — Cinq assiettes octogones, aussi Japon, à décor bleu de fleurs, d'arbres, d'oiseaux et de papillons.

126. — Neuf assiettes à bords sinueux (Japon), camaïeu bleu, à décor très-chargé de fleurs, arbres et oiseaux chimériques.

127. — Quatre assiettes, décor bleu *à la Pagode*, marli également très-chargé **(Japon)**.

128. — Huit assiettes octogones, même porcelaine et même genre, aussi camaïeu bleu.

129. — Six assiettes, même porcelaine et même couleur, décor *à la Corbeille*.

130. — Six assiettes (Chine), à bouquets polychromes de couleurs rouge, verte et *or*.

131. — Cinq assiettes Japon bleu, décor de paysage.

132. — Vingt-une assiettes Japon bleu, à décor de fleurs à peu près uniforme.

133. — Sept assiettes Japon bleu, avec médaillon au centre décoré de fleurs ; sur les bords, attributs et ornements divers.

134. — Grand et beau plat (Chine) à riche décor de fleurs et de fruits, tant au fond que sur le marli.

135. — Huit tasses et six soucoupes Chine rose.

136. — Pot au lait et plateau aussi Chine rose.

137. — Théière Chine doré, à décor de fleurs et papillons, avec assiette creuse ou plateau assorti.
Avariés.

138. — Bol et plateau Chine doré à riche décor, porcelaine très-fine.
Avariés.

139. — Vingt-deux assiettes, semblables entre elles, Chine doré, à beau décor de fleurs détachées et d'oiseaux.

140. — Théière, décorée de personnages.

141. — Grand bol Japon bleu, rouge et or.
Avariés.

142. — Quatre assiettes Japon, décor de paysage, camaïeu bleu.

143. — Vingt assiettes même porcelaine et aussi camaïeu bleu.

144. — Six assiettes également Japon, à décor bleu d'oiseaux, d'arbres et d'animaux, avec gaufrage blanc sur le marli.

145. — Quatorze assiettes (dont trois creuses) Japon, à décor de grosses fleurs bleues dans le fond.

146. — Dix assiettes Japon à léger décor bleu, bouquet dans le fond.

147. — Quatre assiettes aussi bleues et même porcelaine, à fleurs détachées dans le fond.

148. — Quatre autres à décor bleu de branches fleuries détachées et de papillons.

149. — Quatre encore à décor bleu, paysage avec animaux.

150. — Quatre encore à fleurs bleues éparses.

151. — Quatre à décor de fleurs, d'arbres et d'attributs, aussi camaïeu bleu.

152. — Quatre assiettes Japon bleu, à décor régulier de corbeilles de fleurs disposées vers les bords.

153. — Six beaux plats creux, Japon bleu et or, à bords sinueux, décor régulier de fleurs et d'arabesques.

154. — Trois assiettes Japon bleu à décor de fruits et de fleurs.

155. — Trois autres à décor de fleurs, insectes et potiche.

156. — Trois autres encore à décor plus compliqué.

157. — Trois tasses avec soucoupes, camaïeu bleu, dont deux seulement semblables.

158. — Deux tasses avec soucoupes, décor polychrome.

159. — Belle théière en grès brun, Chine (Shang-Haï), décorée de rehauts bleus.

160. — Six assiettes creuses, Japon bleu, à paysage.

161. -- Onze assiettes, aussi Japon bleu, décorées de bouquet dans le fond.

162. — Deux autres à paysage.

163 -- Trois autres à décor de fleurs détachées.

164 — Trois autres, camaïeu bleu, différentes.

165 — Deux belles assiettes (Chine), décor polychrome et or ; les marlis sont ornés d'arabesques ou de fleurs, dans le fond sont peints des écussons surmontés et entourés d'attributs divers. (Sera divisé).

166. — Grand plat à riche décor polychrome et or, même porcelaine, monté en coupe sur bronze doré.

167. — Trois assiettes Japon bleu, à décor de fleurs et d'oiseaux.

168. — Trois autres à décor de branchages fleuris.

169. Trois autres à décor de corbeilles fleuries, très-chargé.

170. — Trois encore à décor de paysages, et dont deux seulement semblables.

171. Six grandes assiettes, décor polychrome bleu, rouge et or, fleurs, oiseaux et insectes (Japon).

172. — Cinq plats creux et six autres plus petits (Japon), décor polychrome bleu, rouge et or, ornés dans le fond d'une potiche contenant des fleurs.

173. — Deux assiettes Japon bleu, décor de fleurs avec médaillon au centre.

174. — Deux autres avec branches fleuries dans le fond coupées sur le marli.

175. — Deux autres à décor régulier.

176. — Deux autres, à décor de fleurs éparses dont le fond très-chargé.

177. — Deux autres, aussi à décor de fleurs.

178. — Deux autres, riche décor, non semblables.

179. — Belle soupière avec couvercle (Chine), montée sur bronze doré, décor de fleurs et d'oiseaux ; le bouton du couvercle est formé par une branche de fruits modelée et peinte.

Intacte.

180. — Deux petites potiches, porcelaine craquelée, décor de personnages bleus sur fond gris. (Socles en bois).

181. — Groupe de six tasses et soucoupe, dépareillées.

182. — Six assiettes (dont cinq seulement semblables).

183. — Groupe de trente-sept belles assiettes Chine ou Japon, décors divers (Sera divisé).

Porcelaines diverses

184. — Sucrier, pot au lait et trois tasses avec soucoupes, (porcelaine de la fabrique de Nast, à Paris, marquée), décor de fleurettes polychromes avec filet bleu et dorures.

185. — Huit tasses avec soucoupes, chocolatière et plateau (réparé). De la même fabrique, décor au myosotis.

186. — Plateau de forme carrée, à bords sinueux, décor de fleurs détachées (porcelaine de la fabrique de Mennecy et portant la marque du duc de Villeroy).

187. — Tasse à anse décorée de bouquets.

188. — Pot au lait orné de bouquets polychromes, en partie doré et portant vers le haut les initiales E. R. M. entrelacées.

Anse réparée.

189. — Assiette décorée de fleurs et dorée sur le bord.

190. — Deux belles lampes modernes, fond bleu avec

médaillons, décor de Sèvres. Les médaillons représentent les portraits de Louis XVI et de Marie-Antoinette. Ces deux lampes, richement montées sur bronze doré, forment aussi vases à couvercle.

Il y a quelques légères détériorations, notamment à l'un des couvercles.

191. — Deux cache-pots, décorés de bouquets très-fins polychromes, avec ornements d'or aux anses rocaille et dans la partie supérieure des vases; socles en bois sculpté et doré.

Porcelaine de Berlin, portant la marque de l'ancienne manufacture royale : sceptre en bleu au grand feu.

III

Bronzes, curiosités, objets divers anciens et modernes

192. — Chenets doubles Louis XVI, cuivre ciselé, superbes, d'une authenticité irrécusable, décor d'urnes à flammes, guirlandes et mufles.

Ils sont accompagnés de deux bras assortis, de même décor et à triple branche.

Ces objets sont remarquablement beaux, rares, et par leur réunion ils acquièrent encore une valeur exceptionnelle.

193. — Mousquet à rouet, du XVIIᵉ siècle, avec fine gravure (chasse au cerf) sur le côté droit, près la roue.

Le canon est orné dans toute sa longueur de fleurs et

d'arabesques en relief ; le bois est également sculpté.

A été réparé.

194. — Petite carabine moderne; (Blanchard — système Lefaucheux).

195. — Poignard sénégalais, manche d'ébène et ivoire, avec gravure sur l'arme et le fourreau.

196. — Petit coffret du XVIIIe siècle, en émail, fond bleu, orné, sur le couvercle, de l'effigie dorée du Roi, avec décor régulier de fleur de lys or et blanc. La monture, cuivre argenté, est ciselée d'arabesques tant à l'extérieur qu'à l'intérieur de la boîte.

197. — Boîte à mouches, à peu près de la même époque, en émail blanc de Saxe, à rehauts rocaille de même couleur, monture cuivre. Le couvercle est orné à l'intérieur d'un portrait (femme assise et décolletée).

198. — Deux tasses avec grandes soucoupes, en émail de Chine, à riche décor.

Elles sont assorties de deux autres petites soucoupes pouvant former couvercle.

199. — Petit groupe en ivoire. (Chinois.)

200. — Boîte à jeu de boston, du XVIIIe siècle, en marqueterie de paille ; objet très-curieux et en parfait état de conservation.

La boîte, décorée de fleurs sur le couvercle et les côtés, contient elle-même six petites boîtes à jetons, sur les couvercles desquelles sont représentées diverses scènes flamandes, aux couleurs vives, avec personnages et autres détails en relief, le tout d'une finesse remarquable.

201. — Lanterne style Louis XV, monture cuivre, décorée de verres ou cristaux taillés.

202. — Chenets Louis XIV.

203. — Vieux lustre en cuivre à huit branches.

204. — Porte-montre Louis XV en cuivre, décor rocaille avec deux petits personnages.

205. — Le petit Vendangeur, de Chartrousse, statuette en terre cuite, cataloguée au livret de l'exposition de Périgueux, en 1864.

206. — Les Rieurs, de Carpeaux, (deux petits bustes en bronze).

207. — Petit bronze de Mène, signé. (Chèvres et chevreau).

208. — Pendule moderne en marbre noir avec sujet en bronze (cheval Djinn) de Mène, signé et daté de 1846.

Cette pendule est assortie de deux candélabres aussi en bronze à sujets divers.

209. — Pendule de l'époque de l'Empire, en bronze (le serment des Horaces).

Sur la façade du socle est représenté en bas-relief le combat des Horaces et des Curiaces.

Deux candélabres de la même époque, aussi en bronze, à cinq branches, complètent la garniture de cheminée et seront vendus en même temps.

210. — Belle glace moderne, à biseau, riche cadre.

211. — Bijoux d'origne chinoise, or et ivoire sculpté (trois broches et deux épingles).

212. — Groupe et statuettes indiennes coloriées et dorées.

213. — *Les Arts Somptuaires* (2 volumes texte et 2 volumes planches) bonne reliure.

214. — *Album*, richement relié, contenant vingt-un dessins au crayon (caricatures) inédits et originaux, de J. Platier, tous signés ; œuvres charmantes et pleines d'esprit. (Plusieurs feuilles en blanc à la suite).

IV

Tableaux anciens et modernes

215. — Portrait de femme (XVIIIᵉ siècle).

216. — Joli portrait de femme, aussi du dernier siècle (sans cadre).

217.— Dessus de porte, sans cadre, toile de la fin du XVIIIᵉ siècle.

218 et 219. — Deux paysages modernes.

220. — Payage italien (cadre bois sculpté).

221 à 226.— Six fixés, de forme ovale, sujets genre **Watteau**.

227. — Baigneuse.

228. — Chiens en chasse attaquant un sanglier (**genre de Snyders**).

229. — Une taverne (peinture de l'école **flamande** du XVIIIᵉ siècle).

230. — L'alchimiste (même genre que le précédent).

231. — Pâtre et troupeau.

232. — Toile de moins grande dimension que la précédente, mais représentant un sujet analogue.

233. — La Fuite en Egypte (toile).

234. — Scène d'intérieur : la Mère de Famille (toile).

235. — Le jugement de Pâris (bon tableau sur toile).

236. — Scène mythologique (bois).

237. — Les Joueurs de boules, vue d'un port italien (toile appliquée sur panneau), peinture très-fine.

238. — La Tour de Babel (bois). Ensemble agréable, détails.

239. — Intérieur de ferme animé par des personnages et des animaux (toile sur bois).

240. — Le fauconnier, départ pour la chasse (toile).

241. — Adoration des Mages (cuivre). Bon tableau attribué à J. B. Franck.

242. — Tête de moine en extase, peinture espagnole de l'école de Murillo.

243. — Portrait de Melle Georges. (Petite toile).

244. — Scène de l'opéra *le Déserteur* (toile).

245. — Petit paysage, au coin d'un bois, animé par des personnages. Toile agréable, signée d'Olivier Le May, peintre de mérite de l'école française du XVIIIe siècle.

246. — Portrait de Melle Julie Candeille, comédienne et auteur de *Catherine ou la Belle Fermière*, un grand succès en 1792.

Elle est représentée assise dans un bosquet, et paraît écouter les chants dont ses camarades, groupés derrière les arbres, viennent la saluer. Jolie esquisse sur toile.

247. — Portrait de Rameau. Signé: Boucher.

Le compositeur est représenté en buste, assis près d'une table de travail, cahier de musique ouvert devant lui, tenant dans ses mains un violon dont il semble écouter les sons. Figure expressive, détails admirablement rendus et soignés.

Nous ne sentons pas la nécessité d'insister davantage sur le mérite de cette toile. Les amateurs et le public jugeront.

248. — Diane et Calisto. Grande toile, signée H. Bloemaert, peintre du XVIIe siècle.

Le groupe à droite, au milieu duquel siège la déesse, est très-heureusement composé; la physionomie d'une jeune nymphe accroupie en avant de la scène a le charme enfantin et l'expression naïve des têtes de Greuze.

249. — Les comptes de la cuisinière, intérieur de cuisine.

250. — Dans les bois, paysage avec personnages et animaux, de Chabry, peintre bordelais contemporain (toile signée).

251. — En rivière, petite marine de Faxon (signée)

252. — Femme romaine, la fileuse. Petite toile (signée) de Félix BARRIAS, grand prix de Rome.

253. — Une rue de Constantine, toile (également signée) de C. Brun, peintre médaillé, datée de 1859.

254 à 259. — Six grands tableaux chinois. Sera divisé.

260 à 265. — Six autres plus petits. Sera aussi divisé.

------

266 et 267. — Deux petits dessins à la plume (anciens).

268. — Petite gravure teintée de rose, de Demarteau, d'après Boucher.

269. — La Madeleine, petite gravure, d'après Greuze, par Pascal, très fine.

V

Vieux meubles

270. — Bahut renaissance, à deux corps superposés, séparés par des tiroirs et dont quelques parties ont été refaites. Décor de palmes, simple et régulier, mais très-harmonieux.

271. — Bahut de l'époque Louis XIII, à hauteur d'appui et à deux portes (récemment réparé). Le centre des panneaux est sculpté de divers ornements au milieu desquels est un cœur enflammé ; les côtés du meuble sont terminés par de petites colonnes torses.

272. — Commode Louis XVI en marqueterie.

273. — Lit portugais, en palissandre, bois plein, sculpté (style rocaille).

274. — Lit à quatre colonnes torses.

275. — Tables et siéges aussi à colonnes torses; grande armoire Louis XIII, etc.

276. — Divers autres sièges de différentes époques, quelques-uns avec vieilles tapisseries de Beauvais ou d'Aubusson.

277. — Orgue anglais.

Bordeaux. — Imp. Adrien Boussin, rue Gouvion, 20.

www.ingramcontent.com/pod-product-compliance
Ingram Content Group UK Ltd.
Pitfield, Milton Keynes, MK11 3LW, UK
UKHW031724170726
13836UKWH00001B/409